もやもやしたら、どうする？

自分でできる！
心と体のメンテナンス

監修 荒川雅子

人間関係で、もやもやしたら ①

編著 WILLこども知育研究所

はじめに

　ちょっと元気が出ないときやなやみがあるとき、自分のためにしていることはありますか？　私は、今は大学の講師をしていますが、前までは保健室の先生をしていました。保健室には心や体に、いろいろなもやもやをかかえた人たちがやってきます。

　このシリーズでは、そんなもやもやから、自分で自分を少しでも楽にしてあげられるメンテナンスの方法をしょうかいしています。

　1巻では、「家にいるとつかれる」「友達にきらわれている気がする」「ちょっと苦手な先生がいる」など、家族や友達、先生など身近な人とのなやみから、自分を救い出すメンテナンスを取り上げます。

　保健室のとびらをノックするように、気軽に本を開いてみてください。途中から読み始めても、気になるページだけ読むのもOKです。自分の心と体を大事にできる人になってくれるとうれしいです。大人になろうとしているみなさんを応援しています。

東京学芸大学芸術・スポーツ科学系養護教育講座講師
荒川雅子

もくじ

はじめに …………………………………………………………………… 2

もやもやファイル① 家にいるとつかれるんだ ……………………… 4
家にいるとつかれるをメンテナンス …………………………………… 6
もやもやファイル② 親の言うことって全部正しいの？ …………… 8
親の言うことに納得できないをメンテナンス ………………………… 10
どうして もやもやするんだろう？ ……………………………………… 12
コラム ヤングケアラーって 知っている？ ………………………… 14

もやもやファイル③ 私さえ、がまんすればいいのかな ………… 16
いつも自分ががまんするをメンテナンス ……………………………… 18
もやもやファイル④ 友達にきらわれている気がする …………… 20
友達にきらわれている気がするをメンテナンス ……………………… 22
いろいろな友達と うまくつき合っていくには？ …………………… 24
コラム 友達って何だ？ ……………………………………………… 26
もやもやファイル⑤ みんなが無視するから、私も…… ………… 28
みんなの行動に流されるをメンテナンス ……………………………… 30
もやもやファイル⑥ SNSってつかれるなあ ……………………… 32
SNSってつかれるをメンテナンス ……………………………………… 34
時間どろぼうされていない!? スマホの使い方を見直そう ………… 36
コラム SNSには危険がいっぱい？ ………………………………… 38

もやもやファイル⑦ あの先生、苦手だなあ ……………………… 40
苦手な先生がいるをメンテナンス ……………………………………… 42
「困った」「どうしよう」と思ったとき「助けて!」を言える人になろう! …… 44
さくいん・大切な用語集 ………………………………………………… 46

もやもやファイル ①
家にいるとつかれるんだ

家にいるとつかれるをメンテナンス

家族がきらいなわけじゃないけど、
いっしょにいると、なんだかつかれてしまう。どうしたらいいのかな？

もやもや❶ 家族のケンカが多い

 ケンカの声が聞こえると、すごく不安になるんだ……。どうしたらいいのかな。

家にいるのにリラックスできないなんてつらいね。「やめて」って言う勇気も出ないし……。

 ぼくもそういうことある！そんなときは、図書館に行っているよ。家の外に出ると少しほっとするんだ。

もやもや❷ きょうだいと比べないでよ！

 私もよくお兄ちゃんと比べられて、すごくいや。

思い切って親に「比べないでよ」って言っちゃうのはどう？

 弟も「お兄ちゃんばっかりずるい」って思うときもあるんじゃないかなあ。

もやもや❸ ぼくの意見は全然聞いてくれない

毎回自分の意見を聞いてもらえないと、「親の言うとおりにするしかない」って思っちゃう。

どうしてものお願いは、聞いてほしいよね。

 せめて話だけでも聞いてほしい！

心のエネルギーをチャージ

もしあなたが、ふだんから家族のケンカの声を聞いたり、家の中のピリピリした空気をなんとかしようとしているとしたら、とてもつらいですね。

でも、それは本人たちの問題で、あなたのせいではありません。家族のことはひとまず置いて、自分にやさしくしてあげましょう。つらい気持ちのとき、心のエネルギーはとても少なくなっています。エネルギーをチャージできることを探してみましょう。

言いにくいことは手紙で

自分の考えを否定されると、もやもやするのは当然のこと。10才くらいになると、少しずつ自分の考えをもてるようになります。成長の証ですが、親と意見が合わないと、つかれることも多いでしょう。

そんなときは、手紙がおすすめです。文字に書き出してみると、自分でも気づかなかった気持ちが見えてきて、冷静に伝えられます。手紙はおたがいがイライラしていないときにわたすことがコツです！

もやもやの後ろには？

例えば「弟と比べられていや」なとき、あなたはどうしたらすっきりするのでしょうか。親が弟をほめなくなったら？ 弟をしかったら？ きっと、それはちがうと思うはず。「いや」の後ろには、「自分のことも見てほしい」「がんばっていることを認めてよ」といった気持ちがかくれているのかも。それを親に話してみてください。ポイントは、「〜しないで」ではなく「〜してほしい」とポジティブに伝えること！前向きな言葉は相手も受け止めやすいですよ。

「言いたいことリスト」を作ろう！

★言いたいことリスト★
- □ サッカーをがんばっているから応援してほしい
- □ 宿題が終わったら1時間ゲームをしたい
- □

できるだけ具体的に書いてみましょう。

荒川先生から「伝える力」を身につけよう！

親が言うことに、いちいちイライラしてしまう人も多いでしょう。でも、親は親で、変わっていくあなたに一喜一憂しながら、あなたのことを思って言っているのかもしれません。

イライラしたときに、ただいやな気持ちになるだけで終わらせずに、自分の思いを伝えることに挑戦してみませんか。「自分の考えが正しいか／正しくないか」「親に聞いてもらえるか／聞いてもらえないか」にかかわらず、自分の気持ちを言葉にして伝える力は、大人になるうえでとても役立ちます。

親もあなたの伝える力から、成長に気づいてくれるかもしれません。

もやもやファイル ② 親の言うことって全部正しいの？

親の言うことに納得できないをメンテナンス

親の言うことに納得できなくて、もやもやする。
受け入れられないとき、みんなはどうしている？

もやもや❶ 親のおしつけ、いやだなあ

 もう一度、お母さんに「私もケーキ食べたい！」って言ってみたらどう？

 うーん……。どうせまた「だめ」って言われちゃうよ。

 甘いものを食べすぎるとよくないって聞くけど、全部親が決めちゃうのって変だと思うけどな。

もやもや❷ 親の期待がしんどい……

 親の期待がプレッシャーなんだ。それに、もっとがんばれない自分がいやになる。

 そんなにがんばらなくてもいいんじゃない？自分が好きなことだけやれば？

 ぼくはピアノを習っているんだけど、親が「将来はピアニスト！」って。楽しくひきたいだけなのに。

もやもや❸ とにかくイライラしちゃう

 お父さんに声をかけられると、イライラして当たっちゃう。

「言いすぎた」って思うんだけど、顔を見るとまたイライラして当たっちゃうこと、私もあるな……

 自分の性格が悪くなっちゃったみたいで、落ちこむよね。

自分と親はちがう人間

親が「よい」と思っているものが、あなたにとっても同じだけ「よい」とは限りません。親としては、あなたの幸せを願って言っていても、受け入れられないときもあるでしょう。そんなとき、毎回自分の思いをおしこめているとしたら、要注意です。

あなたと親は、似たところはあっても、ちがう人間。親以外の、いろいろな人にも意見を聞いてみましょう。意見の食いちがい自体がつらいときは、サッと聞き流すのも一つの手です。

どんな自分でいたい？

親の期待にこたえるために、一生懸命がんばっている人もいるかもしれません。努力できるのは、とてもすてきなことです。でも、その結果で親が喜んだりがっかりしたりすることは、「あなた自身の価値」とは別のこと。

がんばったのに結果が出ないこともあれば、そんなに努力しなかったのにいい結果が出ることもあります。大人になると、勉強やスポーツのようにわかりやすく、点数や勝ち負けが出ないこともいっぱいあります。だから、「どんな自分でいたいか」を大事にして、そのためにできることを探してみましょう。

仲直りの方法

イライラを家族にぶつけてしまったとき、自分なりの仲直りの方法をもっていると、気持ちが楽になります。例えば「ごめんね」と書いたカードとチョコを一つ、机に置いておくとか、簡単なことでいいのです。親も過去にそんな時期を経験して、大人になっています。きっとわかってくれますよ。

人生の主人公は自分！

荒川先生から

大人に近づいているみなさんは、少しずつ自分で決めることが増えてきます。「どの学校に行くか」「何を仕事にするか」「どこに住むか」……。これまでは親が決めてくれたことも、自分で決めなくてはなりません。自分の人生の主人公は自分だけ！自分がどうしたいかを考えるくせをつけましょう。

自分で決めて失敗したことは次に活かせますが、他の人に言われてやったことは、うまくいかないときに「親が言ったとおりにしたのに」「先生が言ったことはまちがっていた」と、人のせいにしてしまいます。そうしていると、自分の人生なのに、いつまでも自分で生きている実感がもてません。

難しかったら、「今日は何を食べたいか」「どんな髪型にするか」とかそんな小さなことでOK。初めはドキドキするかもしれませんが、自分で選んだ道を進んでいくことは、とてもワクワクしますよ。

どうしてもやもやするんだろう？

なんだか心がすっきりしなくて、心にもやがかかったよう。
イライラしたり不安になったり、ちぐはぐな気持ちをもてあましている。
こんなこと、今までなかったのに。どうしてもやもやしてしまうのでしょうか。

もやもや警報発令！

心がなかなか晴れず、自分が今までとはちがう人になってしまったかのようで、不安を感じている人もいるかもしれません。10才前後は、ホルモンバランスの変化と心と体の成長によって、もやもやした気持ちが生まれやすい時期です。家族も大事だけど、友達との結びつきがいっそう強くなり、その関係も複雑になって、なやんだりイライラしたり。

でも、それは決して心が弱いからでもおかしなことでもありません。だれにでも起こることで、必ず終わりがあります。

ぴったりの貝殻を見つける旅

ヤドカリは、自分の体が大きくなると貝殻の引っ越しをします。成長途中のみなさんを、ヤドカリにたとえて考えてみましょう。

ヤドカリはこれまで、親が用意してくれた貝殻に入っていれば安全でした。でも、成長して貝殻が小さくなると、住み慣れた貝殻から出て、自分の体に合った貝殻を探さなければなりません。新しい貝殻を探す旅では、友達ができたり、見たことのない景色に出合ったり、すてきなことがたくさんあるでしょう。でも、風の日も大雨の日もあります。そんなときは、風をしのげる岩陰を探したり、大きな葉でかさを作ったりして、もがきながらなんとか歩いていきます。そうしていくうちに、自分がどんな貝殻に住みたいか、わかるようになるのです。

みなさんも休憩したり、だれかに手伝ってもらったりしながら、自分にぴったりの貝殻を見つけていってください。

もやもやをメンテナンスしよう

なやむことは、あなたが大人に近づいている証拠でもあります。
でも、心や体に不調が出ているときは要注意！ 心と体をメンテナンスしていきましょう。

メンテナンスって何？

「メンテナンス」とは、機械などを安全に使い続けられるように、点検したり手入れしたりすること。
心と体はつながっているので、一方に不調があると、もう一方の調子もくずれてしまうことがあります。逆に一方を整えることで、もう一方がよくなることも。自分の心と体のことを知って、自分にとってちょうどいいメンテナンスの方法を見つけましょう。

どんな方法がある？

メンテナンスの方法はさまざま。熱が出たときにゆっくり休んだり、薬を飲んだりするのと同じように、自分で自分を楽にしてあげましょう。

自分の心が落ち着く方法を知っていると、どんなときも安心です。

香りでリラックス

お気に入りの入浴剤やアロマキャンドルでリラックス。ラベンダーの香りは、イライラをしずめる効果があります。

体を動かす

運動は、ネガティブな気分を発散させてくれます。1日20分が目安。ダンスなどの有酸素運動もおすすめです。

好きなことをする

好きな食べ物を食べる、好きな音楽を聞くなど、好きなことをしてリフレッシュしましょう。

ゆっくり休む

力をぬいて、何もしない時間をもつことも大事です。体が元気になると、心も回復していきます。

コラム ♥ ヤングケアラーって知っている？

「ヤングケアラー」という言葉を聞いたことはありますか？
どんなことをしている人たちなのか、知っていますか。

どんなことをしているの？

ヤングケアラーとは、ふつうなら大人がするはずの家事や家族の世話をしている、18才以下の子どもたちのことをいいます。

料理や掃除などの家事や、きょうだいの保育園などへの送りむかえ、障害のある家族の世話、家族の看病、ぐちやなやみを聞くなど、家のことに多くの時間をつかっています。

家族のかわりに家事をしている。

障害や病気のあるきょうだいの世話や見守りをしている。

障害や病気のある家族の入浴やトイレの介助をしている。

病気のある家族を看病している。

目をはなせない家族を見守り、サポートしている。

幼いきょうだいの世話をしている。

家計を支えるために働いて、障害や病気のある家族を助けている。

日本語に慣れていない家族や障害のある家族のために通訳をしている。

障害や病気のある家族の身の回りの世話をしている。

アルコール・薬物・ギャンブルなどで、気持ちが不安定な家族を支えたり、ぐちを聞いたりしている。

小学6年生の **15人に1人が ヤングケアラー**

宿題をする時間がない……

放課後、友達と遊びたいよ

つかれたな

かわいそうって言わないで！

お父さんは病気でつらいのに、いやなんて言えない……

厚生労働省「令和3年度ヤングケアラーの実態に関する調査研究」を元に作成

家のことを手伝うのはふつうのこと？

家事の手伝いや、家族の世話をするのは当たり前と思うかもしれません。でも、その量が増えると、勉強や遊びの時間がなくなり、子どもらしい生活ができなくなってしまいます。

すべての子どもには、勉強したり友達と遊んだりする権利があります。心や体に不調を感じたり、学校生活がうまくいかないと感じるときは、信頼できる大人にたよってください。

だれにでもなる可能性がある

ヤングケアラーは特別な人ではありません。家族が突然病気になって、明日からあなたが家事や家族の世話をすることになるかもしれません。あなたが事故にあって、きょうだいに世話をしてもらうことになるかもしれません。

また、高齢者が増え、家族のケアが必要な家庭はますます増えています。だれにでも、ヤングケアラーになる可能性があるのです。

「できるとき」だけでOK

「できないとき」「できるけどやりたくないとき」「つかれているとき」は家のことをしなくても大丈夫。当たり前のことで、悪いことではありません。できるときだけで十分です。

背負っているものを、いきなり全部下ろすのは難しいかもしれませんが、あなたといっしょに、これからのことを考えてくれる人に相談しましょう。

あなたの近くにも、たよっていい大人がいるよ

ヤングケアラーやその家族をサポートする人たちをしょうかいします。

スクールソーシャルワーカー

子どもが生活の中で困っていることの解決を手伝う専門家。

子ども家庭支援センター

すべての子どもと、子どもがいる家庭の支援をする窓口。

ピアサポーター

自分のヤングケアラーとしての体験を活かし、相談に乗ったり交流したりする。

もやもやファイル ③
私さえ、がまんすればいいのかな

いつも自分ががまんするをメンテナンス

友達といっしょにいると楽しいけれど、つかれることも……。
友達関係でもやもやしたとき、みんなはどうしている？

もやもや❶ 友達のさそいを断れない

ほんとうは木琴がやりたかったな。
断れなかったこと、ちょっと後悔している。

仲よしの友達だと余計に言いづらいよね。
雰囲気が悪くなったらいやだし。

でも、「ほんとうはやりたくないのに合わせてる」って
気づかれたら、相手は悲しくなるかも……。

もやもや❷ 自分のキャラにつかれる

リク
「おもしろキャラ」ってみんなに
思われているから、つかれていても
元気なふりをしちゃう……。

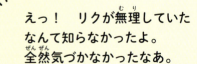
えっ！ リクが無理していた
なんて知らなかったよ。
全然気づかなかったなあ。

言ってくれたほうが「ぼくのこと
信頼してくれてるんだな」って
思うけどなあ。

もやもや❸ 友達の意見に流されちゃう

気まずい雰囲気になるのがいやで、
リーダー的な子やみんなの意見に
合わせちゃう……。

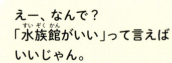
えー、なんで？
「水族館がいい」って言えば
いいじゃん。

私も「ノリが合わない」って
思われたくなくて、流されちゃう。

断ることは悪くない

友達のさそいに気が進まないとき、断ることは悪いことではありません。大事なのは、相手の気持ちを受け止めながら、自分の考えをしっかりと伝えること。そして、自分の気持ちをわかってもらえたら、「ありがとう」と伝えることです。

「きらわれちゃったらどうしよう」と不安になるかもしれませんが、相手を大事にしながら断れば、友達があなたからはなれていくことはありません。

素を出せる場所を探そう

周りから決まったキャラクターを期待されると、きゅうくつに感じることも多いでしょう。伝えられそうな相手なら、「いやだ」と伝えましょう。

同じ友達だけにとらわれず、別のクラスの友達や習い事の友達など、素の自分を出せる場所を探してみてください。

自分の気持ちを大事に！

少しずつでいいので、自分の気持ちを言葉にする練習をしましょう。みんなの前だと言いにくければ、安心して本音を言える友達と二人きりのときに、「私はこう思う」とこっそり伝えてみてください。

相手に合わせることが、いつも悪いわけではありません。また、何でも主張するのがいいわけでもありません。相手の気持ちを聞きつつ、自分の気持ちをおしこめずに伝えることが、いい友達関係を築くコツです。

荒川先生から

もやもやするのも悪くない!?

私たちは、困ったことや問題があったとき、できるだけ早く解決しようと頑張ります。学校の勉強も、問題を解いたり自分の意見をもったりすることが大事と言われます。しかし、日々の生活では、自分の力では解決できないことや、答えが出ないことがたくさんあります。

例えば、自然災害をなくすことはできませんし、いつ大きな病気になるかもわかりません。友達関係でもやもやが起きるのも、その一つと言えるでしょう。そんなときに、いたずらに答えを決めずに「もやもや」したまま考え続ける力が必要なときもあるのです。どうにもならないことは無理に解決しようとせず、流れに身をまかせてゆっくり時間を過ごしてみましょう。もやもやするのも、答えが見つからないのも、そんなに悪いことではないのです。なやみ続けることで、気づくこともありますよ。

もやもやファイル ④
友達にきらわれている気がする

友達にきらわれている気がするをメンテナンス

友達と仲よくしたいだけなのに、なんかうまくいかない……。
こんなとき、どうしたらいいのかな。

もやもや❶ すぐケンカになっちゃう

ソウタ：ちょっと見ただけなのに、なんであんなにおこるの!? 最近、ケンカばっかりでつまらないなあ。

ソウタをおしたのは悪かったけど、大事な消しゴムを勝手に取るなんて許せない！

自分の持ち物を何も言わずに取られたらびっくりするよなあ。

もやもや❷ いじりがつらい

ナツミ：「やめて」って言うと、気まずくなっちゃうから、笑ってごまかすことしかできない。

私、空気を読んで、みんなといっしょに笑っちゃった……。

ナツミも笑っているし大丈夫だよ。友達同士なら、いじって楽しくなることもあるよ！

もやもや❸ 自分にだけ冷たい気がする

私にだけリアクションがうすくて悲しい。私のこと、きらいなのかな……。

ほんとうにそうかな？ ランってアイドルの話になると、周りが見えなくなるときがあるよ。

他の友達とも話したらいいんじゃない？ もっと気の合う友達ができるかもよ。

ケンカは悪いことじゃない

まずは、自分がおこった理由を考えましょう。冷静になると、何が許せなかったのか見えてきます。同じように相手にも言い分があるはず。相手の気持ちも聞いてみてください。

そして、自分に悪いところがあったと思うのなら、勇気を出して謝りましょう。おたがいの思いが相手に伝わらず、すれちがってしまうことはよくあること。言い分をすり合わせて、納得できるところを見つけられたら、その友達ともっとわかり合えます。

どうしてもゆずれないときは、無理に仲直りしなくても大丈夫です。

「気持ちを整理したいからちょっと待ってね」など時間を空けてもOK。

大丈夫な「いじり」はない

本人がつらいと思ったら、それは「いじり」ではなく「いじめ」です。いじりは本人はとてもつらく、傷つくのに、多くは楽しい雰囲気の中で起きます。

人によって許せることはちがいます。やってもいい、大丈夫ないじりなんて一つもないのです。

〈人によって許せる境界線はちがう〉

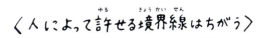
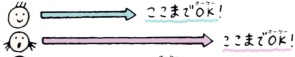
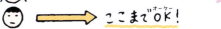

相手に話を聞いてみる

もしかすると、相手は冷たくしているつもりはないのかもしれません。聞けそうだったら、「二人で話したいことがあるのだけど、今いい?」など、相手を責めずに声をかけてみましょう。

もし冷たくされることが続くなら、しばらくきょりを取るのもよしです。「その子といたい」という気持ちもあるかもしれませんが、別の友達と仲よくなるチャンスでもあります。自分を認めてくれる相手とつながる機会を増やすことも大切です。

荒川先生から

人との関わり方を学んでいる最中

友達と仲よくしたいのに、相手の言動でつらい思いをしたり、逆に自分が相手を傷つけてしまうこともあるでしょう。それはあなたが今、人との関わり方を学んでいるまっただ中だからです。

そして、それは相手も同じで、自分も相手も修行中の身なのです。だから、失敗はしかたのないことなのかもしれません。失敗もあなたの成長のもとになっていきます。うまくいくこともいかないことも経験して、大人になっていきます。いっしょにすてきな大人へレベルアップしてください。

そんなことを考えられないほど、人間関係がつらいと感じているとしたら、相手にそのつもりがなくても、あなたが「つらい」と思った時点でいじめです。周りに助けを求めてください。

いろいろな友達とうまくつき合っていくには？

自分とまったく同じ人は、一人もいません。
好きなものやきらいなもの、得意なことや苦手なことも、一人一人ちがいます。
おたがいを大事にしながらつき合っていくには、どうしたらいいのでしょう。

一人一人ちがう私たち

- 発表したり、リーダーをしたりするのが得意だよ！
- 友達に虫とりにさそわれたけど、虫はきらいなんだ……
- 今はアイドルに夢中！ライブに行きたいな〜
- 国語は苦手だけど、本を読むのは好きだな
- 犬が大好き！犬のことなら一日中考えていられるよ
- 運動はあんまり得意じゃないけど、外遊びは好き！

気の合う人とも、そうでない人とも

　教室には、いろいろな個性をもった人が集まります。気の合う人もいれば、そうでない人もいます。無理して相手に合わせていると、苦しくなってしまうこともあるでしょう。そして、逆に自分が相手をつかれさせてしまうこともあるのです。
　そういう友達とは、必要なことは話すけど休み時間は別の友達と遊ぶなど、上手にきょりをとるのも一つの方法です。

まずは自分を大事にする

　友達関係がうまくいかなくて、自分のことがいやになってしまいそうなときは要注意。好きなことをする、おいしいものを食べるなど、自分がごきげんになれることをして、リフレッシュしましょう。
　もし、友達から、自分が大切にされていないと感じることが続いたら、別の友達を探してもいいのです。あなたの友達は、あなたが選んでいいということを忘れないでください。

友達とのこんなとき、どうする?

「友達とうまくいかない」と思ったとき、どんなことができるのでしょうか。
自分だったらどうするか、考えてみましょう。

相手の気持ちを想像しよう

ケース1 「おもしろかった」って言われたけど……

大好きなホラー小説を友達に貸したら、「おもしろかった」と言われたけど、なんだか様子が変?

↓

言葉はいつもほんとうのことを言っているとは限りません。気持ちは、言葉の他に、声や表情などにも表れます。さまざまな手がかりから、相手の気持ちを想像してみましょう。ただし、想像には限界があります。結局のところ、相手の気持ちを丸ごとわかることはないのです。その人のことをわかったつもりにならない謙虚さも大事です。

気持ちはどこに表れる?

ありがとう。おもしろかったよ

ホラーは苦手なんだ……

声 ハキハキしている／声色が暗い など

表情 にこにこしている／眉間にしわが寄っているなど

言葉 優しい言葉／乱暴な言葉など

しぐさ うなずく／腕を組むなど

思いこんでいるだけ?

ケース2 あいさつが返ってこない?

朝、友達にあいさつをしたのに、何も返ってこなかった。自分だったらどうする?

↓

同じ友達の反応でも、とらえ方によって仲よくなれることもあれば、ぎくしゃくしてしまうこともあります。「友達とうまくいかない」と思うとき、ほんとうにそうなのか、自分の思いこみではないか冷静に考えましょう。

おはよう!

……

あれ? 聞こえなかったかな? もう一度声をかけてみよう

おはよう!
おはよう!

無視された。ひどい! 私のこときらいなんだ!

あれ? なんかおこっている?

時間が解決してくれることもありますよ。

コラム 友達って何だ？

「友達とケンカしちゃった」「仲よしの友達がいない」「友達にきらわれたかも…」など、友達についてのなやみはつきないけれど、そもそも、友達って何なのでしょうか。

Q あなたにとって友達ってどんな人？

とにかくいっしょにいると楽しい！それに、落ちこんだときにはげましてくれる人！

好きなアニメが同じで、気づいたら友達になっていたよ。好きなものがいっしょだと、友達になれるのかな。

失敗したときに、友達が笑ってくれて気が楽になったな。「だめな自分も見せられる」って大事なことかも！

思ったことを言い合えるのが友達だと思う！それでケンカになることもあるけどね。

友達ってどんな人のこと？

「友達」とはどんな人のことを言うのでしょうか。あなたが友達だと思う人に、同じことを聞いてみてください。きっと、人それぞれちがう答えが返ってくるでしょう。その関係は人によってちがうものですが、だれにとっても同じなのはいっしょにいて居心地がよく、信頼できる人ということではないでしょうか。

どちらかががまんしたり、無理に合わせたりするのは、よい友達とはいえません。

友達は多ければ多いほどいい？

友達は人生を豊かにしてくれます。でも、友達の数は比べるものではなく、数が多いのが必ずしもいいことではありません。少ない分、その友達とより深い関係を築くことができることもあります。

もし、もっと友達がほしいと思うときがきたら、好きなものが同じ人を探してみてはどうでしょうか。「好き」がいっしょだと、会話がはずみ、友達になりやすいですよ。

友達がいないといけないの？

友達は無理に作るものではありません。一人を楽しめる力も大事です。友達といっしょにいることと、一人でいることには、どちらにもよい面とそうでない面があります。

大切なことは、周りに合わせるのではなく、自分が「そうしたい」と思って選ぶことです。

友達が多い
- 楽しい気持ちや悲しい気持ちを分け合える
- 困ったときすぐに助けを求めてしまう
- いつも自分の思うとおりになるとは限らない
- いろいろな遊びや経験ができる

友達が少ない
- 困ったときに相談できる人が限られる
- 自分でなんとかする力が身につく
- 自由に過ごせる
- 自分の世界が広がりにくい

まだ出会っていない友達もいるよ

友達関係がつらくなったときに思い出してほしいのは、友達は時間とともに移ろいでいくということ。幼稚園や保育園のときと今で、仲のよい友達がまったく同じ人は、そんなに多くないのではないでしょうか。

もちろん、今の友達が一生の友達になる人もいます。それはとてもすてきなことですが「まだ出会っていない友達もいる」と覚えておくと、ちょっと心が楽になるかもしれません。

大人になると友達は……？

身近な大人に、「最近いつ友達に会った？」と聞いてみてください。学校に通っていると、毎日のように友達と顔を合わせるのが当たり前に感じるかもしれませんが、大人になると、友達と会うのは数年ぶりということもよくあります。

仕事や趣味の仲間など、友達という関係でない人とのつながりも増えます。友達だけではない、さまざまな人との出会いによって、世界はさらに広がっていきます。

もやもやファイル ⑤
みんなが無視するから、私も……

みんなの行動に流されるをメンテナンス

友達がいじめられている。いじめは絶対にいけないって、頭ではわかっているけど……。みんなだったら、どうする？

もやもや❶ いっしょに無視しちゃっている

みんながユミを無視する雰囲気になっている。話しかけたら、次は私が無視されそうでこわい。

でも、ユミは、悲しい気持ちでいっぱいなんじゃないかな。

ユミから声をかけられたときは、話すようにしているけど……。

もやもや❷ 見て見ぬふりをしている

自分には関係ないし、そのままにしている。別に、オレが無視しているわけじゃないし。

「見て見ぬふりはいじめ」って聞いたことあるけど、どうしたらいいんだろうね。

先生に相談したって、どうせ変わらないんじゃないかな。

もやもや❸ 助けたいけど勇気が出ない

「こんなのおかしい！やめよう」って言いたいけど、こわくて勇気が出ない。

ユミのこと、助けたいけど何もできない……。

ユミ

私、何か悪いことした？消えてしまいたい……。

自分がユミだったら……

　もし、みんなに知らんぷりされたら、どう思いますか。きっと世界で一人ぼっちのような気持ちになって、悲しくてくやしくて、深く傷つくでしょう。自分を大事にする気持ちまでなくしてしまいます。

　「いじめられる人にも問題がある」と思う人もいるかもしれませんが、どんな理由があったとしても、いじめをしていいことにはなりません。「自分はいじめに参加しない」という心を強くもち、いじめを見たときは、すぐに大人に相談しましょう。

 ## 多数派の沼にはまらない

　「みんなが無視しているから」と多数の声に流されそうになるかもしれません。多数派にいると、自分たちの意見がいつも正しいような気がしてきます。周りに合わせていれば、意見はぶつからないし、否定もされないので楽かもしれません。

　でも、多数派のこわいところは、どこからか邪悪なパワーが生まれてきて、ときには一人だったらしないような恐ろしいこともしてしまうこと。自分一人だったらどうする？　と考えて行動してください。

 ## できることはある！

　その場でいじめを止めるのは難しくても、あなたにできることはあります。その場では助けられなくても、あとで本人の話を聞くことは、大きな支えになるはずです。先生やスクールカウンセラーに相談することで、いじめが解決に向かうこともあります。いじめの証拠をメモすることも有効です。

　自分だけでなんとかしようと思わないで、いじめをいやだと思う仲間を増やしましょう。

例えばこんなこと

本人の話を聞く

大人に相談する

いっしょに相談に行く

いじめの証拠をメモする

 荒川先生から

いじめをしてしまったら……

　いじめをしてしまったあなたは、これから先、自分がいじめをしたことも、いじめた相手のことも忘れていくかもしれません。でも、いじめられた人は、この先もずっと、心に痛みをかかえたまま生きていきます。自分をいじめたあなたのことを、忘れることはないでしょう。あなたが深く傷つけてしまったことを忘れないでください。

　生きているとだれだって、まちがえたり失敗したりします。それをくり返さないことが大事です。自分がしてしまったまちがいを反省して、謝るべきことは、心から謝ってください。そして、もしいつか、いじめられている人を見たら、そのときは助ける人になってほしいと思います。

SNSってつかれるをメンテナンス

SNSって便利で楽しいけれど、誤解やトラブルも生まれやすい……。
SNSで、もやもやすることってある？

※SNSとは、Social Networking Service（ソーシャル・ネットワーキング・サービス）のことです。友達などとつながって、文章や写真、動画などで自分を表現したり、コミュニケーションをとったりすることができます。

もやもや❶ 返信がおそいと友達が……

次々メッセージが来るから、ちょっとめんどくさいなって思っちゃう。

返信しないと「無視された」「冷たい」って思われそうで、スマホからはなれられない……。

ぼくは、なかなか返信が来ないと不安になる。

もやもや❷ グループチャットにつかれる

ずっとだれかが話しているから、いつまでも通知が来るんだ。

友達が知らない人をグループにさそったから、その人に連絡先を知られちゃった。

全部見るのは大変だけど、見ないとみんなの話についていけなくなっちゃう……。

もやもや❸ SNSの反応が気になる

「いいね」の数が友達より少ないと「私って人気ないのかな」ってもやもやする。

宿題をしていても、ついSNSを見ちゃって親におこられる。

自分は「いいね」したのに、友達が返してくれないと、イライラする。

使い方を伝えておこう

SNSの使い方は人それぞれ。スマホをよく見る人は「なんで返信がおそいの?」と不満をもち、逆にそんなに使わない人は「すぐに返信を求められてつらい……」と思っているかもしれません。

どちらの立場の人も、相手の生活を想像することが大切です。そして「すぐに返信がほしいタイプだから、時間があったら返信してほしいな」「SNSはあまり使わないんだ」など、おたがいにSNSの使い方を伝えておくとよいでしょう。

つかれる前にきょりをとる

多くの人が参加するグループチャットは、夜おそくまで動いていたり、メッセージが何百件も来たりと困ったことも起きやすい道具です。

全員が心地よく使えるのがいちばんですが、難しいときは「うちはスマホは19時までなんだ」などと伝えてきょりをとってもいいでしょう。

また、知らない人に連絡先を知られると、トラブルに巻きこまれる危険も。大人に相談しましょう。

SNSは偽物の世界?

SNSでは、「いいね」の数がその人の価値を表しているように感じるかもしれません。でも、SNSで見えるものは、その人の一部分だけということを胸に留めておいてください。きらきらしたところだけが発信されていることも、少なくありません。

「いいね」にまどわされずに、自分がよいと思うものを心から楽しむことが、ほんとうの「いい」ことなのではないでしょうか。

荒川先生から

ツールによって伝わり方はちがう

自分が伝えたことが、相手に思ったように伝わっていなかったことはありませんか? 同じことを伝えても、使うツール(道具)によって、伝わり方がびみょうにちがいます。それぞれのよいところと悪いところを知って、状況に合ったツールを選びましょう。

個別のチャット

○ いつでもかんたんに伝えられる
△ 相手の気持ちがわかりにくい

会話

あのね うんうん
○ 顔を見て伝えられる
△ 冷静になれないときがある

手紙
○ 自分の考えをじっくりとまとめられる
△ 傷つくことを書いてしまったとき、相手の手元にずっと残る

電話

○ 冷静に伝えられる
△ タイミングが合わないこともある

時間どろぼうされていない!? スマホの使い方を見直そう

ちょっとだけ動画を見るつもりが、気づけば2時間もたっちゃった！
ゲームやSNSが楽しくてやめられない……。こんなことはありませんか？
自分のスマホの使い方を、見直してみましょう。

1日にどのくらい使っている？

ちょっとスマホをさわると、つい時間を忘れて使い続けてしまうことがあります。いつでもスマホを見ていないとイライラしたり、不安になったりする「スマホ依存」になる人が増えています。

スマホの「スクリーンタイム」を使って、自分が、どのアプリをどのくらいの時間使っているか確認してみましょう。

長時間スマホを使うと、思考や記憶、創造、感情のコントロールなどに関わる、脳の「前頭前野」の働きが悪くなってしまいます。

スマホの使いすぎは体にもよくない！

スマホを使いすぎると、時間をむだにするだけでなく、体にさまざまな影響が出てしまいます。

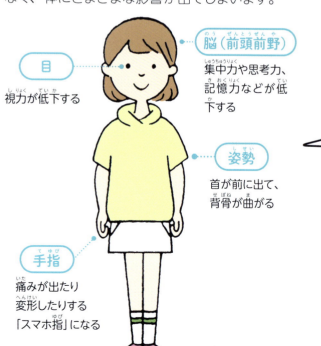

- **目**：視力が低下する
- **脳（前頭前野）**：集中力や思考力、記憶力などが低下する
- **姿勢**：首が前に出て、背骨が曲がる
- **手指**：痛みが出たり変形したりする「スマホ指」になる

ストレートネック

健康な首の骨は、ゆるやかにカーブして、重い頭をクッションのように支えています。しかし、スマホを見るうつむいた姿勢が続くと、骨のカーブがへり、クッションなしで頭を支えることになります。それによって首や肩がこったり、頭痛、めまいなどが起きる人もいます。

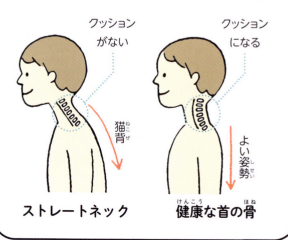

今日からできる！スマホの上手な使い方

便利なはずのスマホのせいで体に負担をかけてしまっては、本末転倒！
スマホの上手な使い方を身につけましょう。

ルールを決める

おうちの人と相談して、スマホのルールを決めましょう。使っていい時間と場所、連絡をとる相手、使うアプリなど、自分の生活に合ったルールを考えます。学年や習い事など、生活リズムが変わったときは、ルールを見直しましょう。

通知はオフに

他のことをしていても、スマホに通知が来ると、つい気になって見てしまいます。アプリの通知機能をオフにしておけば、通知に振り回されずに済みますよ。スマホによっては、通知をオフにする時間帯を決められるものもあります。

ながらスマホはやめる

家族と話をしているときも食事のときも、トイレに行くときまで、手にはスマホ……。人間は、同時に二つ以上のことはできないといわれています。スマホを操作しながら別のことをする「ながらスマホ」はやめ、目の前のことに集中しましょう。

寝室には持ちこまない

スマホから出るブルーライトは、すいみんをさそうホルモンの分泌をおさえます。そのため、ねる前にスマホを見ると、なかなかねむれず、すいみんの質が下がってしまうのです。寝室にはスマホを持ちこまないようにしましょう。

インターネットにはうその情報もある！

たくさんの情報であふれているインターネット。その中には、うその情報がまぎれていることもあります。必ず、その情報を流しているのがだれなのか確認しましょう。そして、本や新聞など別のメディアの情報と比べてみてください。情報をそのまま信じるのではなく、自分なりの考えをもつことが大切です。

コラム

SNSには危険がいっぱい？

いつでもチャットで話せたり、会ったことのない人とも友達になれたり、便利で楽しいSNS。でも、SNSによるトラブルは数多く起きています。安全に使うには、何に気をつけたらよいのでしょうか。

SNSを安全に使おう

SNSをきっかけとしたトラブルは、数多く起きています。事件や犯罪に巻きこまれないために重要なことは、SNSで知り合った人とは会わないことです。

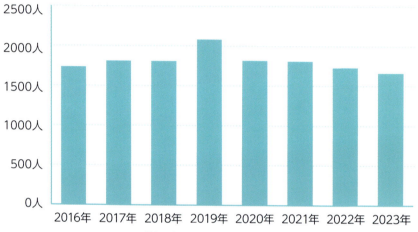

SNSに起因する事件や犯罪の被害児童数（18才未満の子ども）

2016年	約1750人
2017年	約1850人
2018年	約1800人
2019年	約2100人
2020年	約1800人
2021年	約1800人
2022年	約1700人
2023年	約1650人

警察庁「令和5年における少年非行、及び子供の性被害の状況」を元に作成

SNSで知り合った人とは会わない！

SNSにアクセスすることは、あなたが一人で家から飛び出して、知らない遠くの町へ行くことと同じです。そこには、子どもや大人、いい人も悪い人もいます。SNSで知り合った人の言っていることが、ほんとうのことかどうかはわかりません。子どもだけでは絶対に会ってはいけません。

写真には個人情報がいっぱい！

一度SNSにアップした写真は、公開した人がデータを消しても、インターネット上から完全に消すことはできません。写真をアップするときは、個人情報が書かれた持ち物や目印になる建物、住所などが写りこんでいないか注意しましょう。また、だれかに顔や体の見える写真を送ってほしいと言われても、絶対に応じてはいけません。

実際にあったトラブル

SNSの使い方によって、自分が被害者にも加害者にもなってしまいます。

SNS上でいじめを受けたときは、スクリーンショットをとって保存しましょう。重要な証拠になります。

詐欺

広告をクリックしたら、登録料金を支払うよう求められ、お金を振りこんでしまった。

名誉毀損

SNSに「Aは万引きをした」と、ありもしないことを書きこまれ、とても傷ついた。

炎上

友達とふざけてとった写真をSNSにアップしたら大炎上。学校にも連絡が来た。

トラブルにあったら

トラブルにあったり、巻きこまれそうになったりしたら、すぐに大人に話しましょう。「おこられたくない」とかくしていると、事態がどんどん悪くなってしまうことも。インターネットやSNSのなやみ専門の相談先もあります。

あなたも加害者になっているかも……!?

そんなつもりがなくても、だれかを傷つけ、大きな問題につながることもあります。

著作権の侵害

人がかいた絵を、本人の許可なく自分のSNSのアイコンにする。

プライバシーの侵害

町で見かけた有名人の様子を、勝手にSNSに書きこんだ。

肖像権の侵害

写りこんだ人の顔がはっきりわかる写真を、SNSに勝手にアップした。

もやもやファイル ❼
あの先生、苦手だなあ

苦手な先生がいるをメンテナンス

どうしても好きになれなくて、苦手な先生がいる……。
でも、先生は変えられないし、どうしたらもっと楽しく学校で過ごせるのかな。

もやもや❶ 先生がおこるのがすごくこわい

アベ先生、大きな声でおこるから苦手なんだ。話しかけるだけで手がふるえちゃう。

※「大きな声や音がこわい」HSCについては、4巻P.28〜31を見ましょう。

ぼくはアベ先生のこと好きだよ。悪いことをしたらおこられるけど、それは当たり前だよね。

だれだって苦手な人がいるのはふつうだから、がまんするしかないんじゃない？

もやもや❷ これってえこひいき？

先生、お気に入りの子ばかり当てるんだ！今日も発表できなかった。

私は今日指名されたけど、いつもじゃないよ。考えすぎじゃない？

ほんとうにそうなら、他の先生に相談してみたら？

もやもや❸ 緊張してうまく話せない

みんなはふつうに話しているのに、どうしてぼくはできないんだろう……。

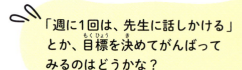
「週に1回は、先生に話しかける」とか、目標を決めてがんばってみるのはどうかな？

友達に先生が苦手なことを話しておけば、困ったときに、フォローしてくれるかも！

「こわい」以外の面もある？

「こわい」と思う気持ちは、否定しなくて大丈夫。そのせいで、不安になったり学校に来るのがつらかったりするときは、おうちの人や他の先生に伝えることで、解決に向かいやすくなります。

人にはいろいろな面があります。自分から見た先生と、友達から見た先生はびみょうにちがいます。友達に「あの先生ってどう思う？」と聞いてみると、「こわい」以外の面にも気づくかもしれません。

本音を伝えよう

発表したいのに当ててもらえないと、残念な気持ちになりますね。それが続くと、先生のことをきらいになってしまうかも……。その前に、先生に自分の本音を伝えてみましょう。何か理由があるのかもしれませんし、気持ちをわかってもらえば、きっと先生も対策を考えてくれるはずです。

自分の本音を素直に話すのは、大人でも難しいことですが、一生役に立つ力の一つです。

カミングアウトしよう

緊張は悪いことではありませんが、その原因には「うまくできないかも」「だめなところを見せたくない」など、不安な気持ちがかくれています。その気持ちを、先生にカミングアウトしてしまいましょう。

うまく話せなくても、自分の心の状態を知ってもらうと楽になります。きっと先生も、あなたががんばって話そうとしていることを応援してくれますよ。

 **荒川先生から**

いつも公平とはいえない世界で

本来、先生は子どもたちに公平に向き合うべきで、えこひいきはあってはなりません。でも、私たちの生きる世界は必ずしも、いつも公平とはいえないのかもしれません。

こういった不公平感は実はどこにでもあって、これから中学校や高校へ進学したり、社会に出たりしても感じることかもしれません。

そうしたときに、くさらず、投げやりにならず、自分が「よい」「正しい」と思う道を信じて進んでいける、しなやかな強さをもった人になってほしいと思います。「おかしいな」と思う感覚は大事にして、先生に本音をぶつけたり、困ったときは、友達にぐちを言ってストレスを発散したり、他の大人に相談したりしましょう。

「困った」「どうしよう」と思ったとき「助けて!」を言える人になろう!

家族のこと、友達のこと、学校生活のこと、SNSのこと……。
どんなことでも、困ったとき「助けて!」と言える力はとっても大事。
だれかとつながることで、心が軽くなることもあります。

こんなことが続くときは、迷わず助けを求めて

心のサイン
- □ イライラが止まらない
- □ 急になみだが出る
- □ やる気が出ない
- □ 気分にムラがある
- □ 好きなこともやりたくなくなる
- □ 学校に行きたくない
- □ ぼーっとしてしまう

体のサイン
- □ 食欲がない、食べる量がへった
- □ 食べすぎてしまう
- □ おなかが痛い
- □ 頭が痛い
- □ めまいやはき気が出る
- □ 布団に入っても、ねむれない
- □ 体がだるい

早めに相談しよう

上のサインがあるから、必ずしも病気とは限りません。しかし、これまでなかったのに、このようなサインが出るようになったときは、早めに家族や保健室の先生、スクールカウンセラーなどに相談し、状況に合わせて病院に行きましょう。早く対応するほど、早く回復します。

これらのサインがなくても、「何か変だ」「つらい」と感じたときは、大人に相談しましょう。

心を専門にみる病院もある

心や体の不調が続くときは、精神科や心療内科のある病院を受診するという方法もあります。
精神科では主に、不安やイライラ、ねむれない、うつ、依存など心の不調そのものを治療します。心療内科では主に、ストレスなどで生じる自律神経の乱れや腹痛、頭痛など、心が原因で起こる体の不調を治療します。どちらも、なやみや症状を聞いたり薬を処方したりしてくれます。

相談窓口ってどんなところ？

だれにも相談できずに、なやんでいるときは、相談窓口を利用してみましょう。あなたの話を聞いてくれる専門家がいます。ちょっと勇気がいるかもしれませんが、かぜをひいたら病院に行くのと同じこと。電話やSNSなどさまざまな方法があり、秘密は守られます。つらくなったり、いやになったら途中でやめてもOKです。

友達から相談を受けたら……

その友達は、あなたのことをとても信頼しているから相談したのでしょう。「話してくれてありがとう」と伝え、その後信頼できる大人につなぐことが大切です。無理に解決しようとしなくて大丈夫。受けた相談は、ほかの人には言わないのが原則です。相談を受けたことをだれにも話せず、つらいときは、相談窓口を利用しましょう。

信頼できる大人や相談窓口につなぐ

家族にも学校にも相談できないときは

名前を言わずに、電話やLINE、チャットで相談できるところがあります。

電話で相談する

- **24時間子供SOSダイヤル**　0120-0-78310
  （文部科学省　24時間365日）
- **チャイルドライン**　0120-99-7777
  （チャット相談もできます）
  （特定非営利活動法人 チャイルドライン支援センター　毎日16時～21時）
- **いのちの電話**　0120-783-556
  （メールでの相談もできます）
  （一般社団法人日本いのちの電話連盟　毎日16時～21時　毎月10日は8時～翌8時）
- **こどもの人権110番**　0120-007-110
  （メールでの相談もできます）
  （法務局 月～金曜日　8時30分～17時15分）

SNSで相談する

- **こころのほっとチャット**
  （NPO法人東京メンタルヘルス・スクエア）
  ○毎日9時～11時50分（11時まで受付）／
  　毎日12時～15時50分（15時まで受付）／
  　毎日17時～20時50分（20時まで受付）／
  　毎日21時～23時50分（23時まで受付）
  ○月曜日の早朝4時～6時50分（6時まで受付）／
  　毎月最終土曜日の深夜0時～朝5時50分
- **生きづらびっと**
  （NPO法人自殺対策支援センターライフリンク）
  ○毎日8時～22時30分（22時まで受付）

- **あなたのいばしょチャット相談**
  （特定非営利活動法人あなたのいばしょ）
  ○24時間365日
- **ヤングケアラーが利用できる相談窓口**
  （ヤングケアラー協会）
  ○対象や対応時間は、各窓口を確認してください。

SNSで知らない人に相談するのは、絶対にやめましょう！優しい言葉で近づいてくる悪い大人がいます。

さくいん

あ
- いじめ　いじめ …………………… 23、30、31、39
- いじり　いじり …………………………… 22、23
- イライラ　いらいら ……………………… 10、11
- インターネット　いんたーねっと ……… 37、38、39
- SNS　えすえぬえす … 34、35、36、38、39、44、45
- おしつけ　おしつけ ………………………………… 10

か
- 会話　かいわ ………………………………………… 35
- 加害者　かがいしゃ ………………………………… 39
- カミングアウト　かみんぐあうと ………………… 43
- キャラ（キャラクター）　きゃら（きゃらくたー）………… 18、19
- グループチャット　ぐるーぷちゃっと ……… 34、35
- 心のエネルギー　こころのえねるぎー …………… 7
- 個人情報　こじんじょうほう ……………………… 38
- 子ども家庭支援センター　こどもかていしえんせんたー
　…………………………………………………… 15

さ
- 肖像権の侵害　しょうぞうけんのしんがい ……… 39
- 心療内科　しんりょうないか ……………………… 44
- スクールカウンセラー　すくーるかうんせらー ……… 31、44
- スクールソーシャルワーカー　すくーるそーしゃるわーかー
　…………………………………………………… 15
- スクリーンタイム　すくりーんたいむ …………… 36
- ストレートネック　すとれーとねっく …………… 36
- スマホ　すまほ ……………………… 34、35、36、37
- スマホ依存　すまほいぞん ………………………… 36

大切な用語集

いじめ【いじめ】
ある人に対して、からかいや悪口を言う、無視する、ものをかくす、たたく、けるなどの行為をして、苦痛をあたえること。SNSでのいじめも増えている。

えすえぬえす【SNS】
Social Networking Service のこと。インターネット上で友達などとつながって、文章や写真、動画などで自分を表現したり、コミュニケーションをとったりできる。

かみんぐあうと【カミングアウト】
自分自身の秘密にしていたことを、相手に打ち明けること。主に、自分の「心の性」や「好きになる性」（→3巻）について伝えるときに使うことが多い。

スマホ指 すまほゆび …… 36	友達 ともだち
精神科 せいしんか …… 44	18、19、22、23、24、25、26、27、44、45
先生 せんせい …… 31、42、43	
前頭前野 ぜんとうぜんや …… 36	**な**
相談 そうだん …… 44、45	仲直り なかなおり …… 11、23
	人間関係 にんげんかんけい …… 23
た	
多数派 たすうは …… 31	**は**
チャット ちゃっと …… 35、45	ピアサポーター ぴあさぽーたー …… 15
著作権の侵害 ちょさくけんのしんがい …… 39	プライバシーの侵害 ぷらいばしーのしんがい …… 39
ツール つーる …… 35	
つかれる つかれる …… 6、18、34、35	**まやらわ**
伝える力 つたえるちから …… 7	無視 むし …… 25、30、31、34
手紙 てがみ …… 7、35	もやもや警報 もやもやけいほう …… 12
電話 でんわ …… 35、45	ヤングケアラー やんぐけあらー …… 14、15

すくーるかうんせらー 【スクールカウンセラー】
子どもたちが安心して学校生活を送れるよう、心の健康を守る専門家。なやみがある人から相談を受けたり、問題の解決をサポートしたりする。

めんてなんす 【メンテナンス】
機械などを安全に使い続けられるように、点検したり手入れしたりすること。自分の心と体も、ふだんからメンテナンスしておくことが大事。

やんぐけあらー 【ヤングケアラー】
本来大人がやるべき家事や家族の世話をしている、18才以下の子どもたちのこと。小学6年生の15人に1人がヤングケアラーといわれている。

監修　荒川雅子 あらかわ まさこ

東京学芸大学芸術・スポーツ科学系養護教育講座講師。千葉県の小学校・中学校で約20年にわたり、養護教諭として心や体に不調を抱える子どもたちの保健指導に携わる。現在は、東京学芸大学で養護教諭を目指す学生の指導・育成を行いながら、養護教諭の成長プロセスについて研究している。主な共著に『子育て支援員研修テキスト（第3版）』（中央法規出版）、『養護教諭必携シリーズ 新版　学校保健 チームとしての学校で取り組むヘルスプロモーション』（東山書房）などがある。

編著　WILLこども知育研究所

幼児・児童向けの知育教材の企画・開発・編集を行う。主な編著に『知らなかった！おなかのなかの赤ちゃん図鑑』『ぱっと見てわかる！ はじめての応急手当（全3巻）』（以上、岩崎書店）、『いろんな人に聞いてみた　なんでその仕事をえらんだの？（全2巻）』（金の星社）、『すいみん図鑑（全3巻）』（フレーベル館）など多数。

もやもやしたら、どうする？
自分でできる！心と体のメンテナンス
①人間関係で、もやもやしたら

2024年11月30日　第1刷発行

監　修	荒川雅子
編　著	WILLこども知育研究所
発行者	小松崎敬子
発行所	株式会社岩崎書店
	〒112-0014 東京都文京区関口2-3-3　7F
	電話　03-6626-5080（営業）
	03-6626-5082（編集）
印　刷	TOPPANクロレ株式会社
製　本	大村製本株式会社

表紙イラスト	長野美里
本文イラスト	さいとうあずみ
デザイン	鳥住美和子 (chocolate.)
編　集	岡 遥香 (WILL)
DTP	小林真美 (WILL)
校　正	村井みちよ

ISBN 978-4-265-09191-1　48p　29×22cm　NDC146
©2024　WILL
Published by IWASAKI Publishing Co., Ltd. Printed in Japan.

落丁本・乱丁本は小社負担にておとりかえいたします。
ご意見ご感想をお寄せ下さい。E-mail info@iwasakishoten.co.jp
岩崎書店ホームページ　https://www.iwasakishoten.co.jp

本書のコピー、スキャン、デジタル化等の無断複製は著作権法上での例外を除き禁じられています。
本書を代行業者等の第三者に依頼してスキャンやデジタル化することは、たとえ個人や家庭内での利用であっても一切認められておりません。
朗読や読み聞かせ動画の無断での配信も著作権法で禁じられています。